세계의 랜드마크를 파고파고

앰앤키즈 파고파고 시리즈 01
세계의 랜드마크를 파고파고

초판 1쇄 인쇄 2023년 7월 20일
초판 2쇄 발행 2025년 5월 12일

글 김가람

펴낸곳 M&K
펴낸이 구모니카
마케팅 신진섭
등록 제7-292호 2005년 1월 13일
주소 경기도 고양시 일산서구 고양대로 255번길 45, 903동 1503호(대화동, 대화마을)
전화 02-323-4610
팩스 0303-3130-4610
E-mail sjs4948@hanmail.net
Tistory https://mnkids.tistory.com

ISBN 979-11-91527-59-9
     979-11-91527-61-2(세트)

※ 출처 위키백과(https://ko.wikipedia.org/)
※ 값은 뒤표지에 있습니다. 잘못된 책은 바꾸어 드립니다.

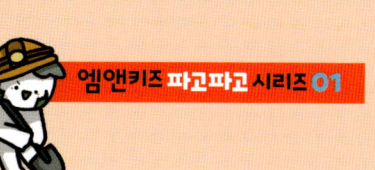
엠앤키즈 파고파고 시리즈 01

세계의 랜드마크를 파고파고

김가람 글

엠앤키즈

머리말

여러분들은 지구촌이라는 말을 많이 들어 보았을 거예요. 이 말은 지구 전체를 한 마을처럼 여겨 이르는 말로 이제는 우리나라뿐만 아니라 세계 각지의 이웃들과 서로를 알아가고 이해를 높이기 위해 노력하며 세계 여행도 쉽게 다닐 수 있는 시대가 되었어요.

여행을 좋아하는 사람이라면 누구나 세계 여행을 꿈꾸지요. 그러나 지금 당장 여행을 할 수 없다면 상상의 세계 일주를 떠나 보는 게 어떠할까요?

이 책에서는 유럽, 아프리카, 아시아, 오세아니아, 아메리카의 각 대륙에 속한 50개 국가 50개의 유명한 랜드마크, 그리고 그에 인접한 세계 관광객들이 반드시 방문하고 꼭 가보고 싶은 추천 장소까지 소개되어 있어요.

또한, 랜드마크의 기초적이고 전반적인 내용과 함께 각 나라의 기본적으로 알아야 할 수도, 언어, 인구, 통화, 면적, 인사말까지 알기 쉽게 설명하였어요.

알아두기

유네스코 세계 유산은 유네스코(1954년 창설된 유엔의 전문 기구)에서 인류의 소중한 문화 및 자연 유산을 보호하기 위해 세계적인 유산으로 지정하여 보호하는 일을 하고 있어요.

유네스코 세계 유산은 문화 유산, 자연 유산, 복합 유산으로 나누어져요.

문화 유산은 인류의 역사와 문화를 나타내는 중요한 기념물, 유적, 건축물 등이 포함되며 세계적으로 중요한 문화적 가치를 지닌 유산이고, 자연 유산은 지구상의 역사를 잘 나타내고 자연적 가치와 생태계의 보전을 위해 인류가 보호해야 할 지역이에요. 그리고 이들의 가치를 동시에 지니고 있는 경우를 복합 유산이라고 해요.

목차

아시아

1. **대한민국** N 서울 타워 Namsan Seoul Tower 18
2. **일본** 히메지성 Himeji Castle 20
3. **중국** 만리장성 Great Wall of China 22
4. **인도** 타지마할 Tāj Mahal 24
   아그라 요새 Agra Fort 25
5. **방글라데시** 아산 만질 국립 박물관 Ahsan Manzil 26
   소나르가온 Sonargaon 27
6. **사우디아라비아** 카바 신전 Kaaba 28
   알 바이트 타워 Abraj Al Bait 29
7. **카타르** 어스파이어 타워 Aspire Tower 30
   펄 카타르 31
8. **이란** 반크 대성당 Vank Cathedral 32
9. **베트남** 하롱베이 Halong Bay 34

10. **필리핀** 인트라무로스 Intramuros 36

   성어거스틴 성당 San Agustín Church 36

   산티아고 요새 Fort Santiago 37

   마닐라 대성당 Manila Cathedral 37

11. **캄보디아** 앙코르 와트 Angkor Wat 38

12. **태국** 타이 왕궁 Grand Palace 40

   왓 프라깨우 (에메랄드 사원) 41

   왓 포 41

   왓 아룬 41

13. **아랍 에미리트** 부르즈 할리파 Burj Khalifa 42

14. **네팔** 부다나트 스투파 Boudhanath Stupa 44

   더르바르 광장 Durbar Square 45

15. **부탄** 파로 탁상 사원 Tiger's Nest Monastery 46

16. **싱가포르** 마리나 베이 샌즈 Marina Bay Sand 48

17. **쿠웨이트** 쿠웨이트 타워 Kuwait Tower 50

유럽

18. 그리스 아크로 폴리스 Acropolis **54**

파르테논 신전 Parthenon **55**

에레크테이온 신전 Erechtheion **55**

19. 스위스 그로스뮌스터 대성당 Grossmünster **56**

알프스 융프라우 알레치 Swiss Alps Jungfrau-Aletsch **57**

20. 네덜란드 잔세스칸스 Zaanse Schans **58**

21. 프랑스 에펠탑 Eiffel Tower **60**

22. 이탈리아 콜로세움 Colosseum **62**

23. 독일 쾰른 대성당 Cologne Cathedra **64**

그레이트 세인트 마틴 교회 Great St. Martin Church **65**

24. 영국 빅 벤 (엘리자베스 타워) Elizabeth Tower **66**

타워 브리지 Tower Bridge **67**

25. 헝가리 부다성 Buda Castle **68**

세체니 다리 Szecheny lanchid **69**

26. 핀란드 헬싱키 대성당 Helsinki Cathedral **70**

수오멘린나 요새 Fortress of Suomenlinna **71**

27. **스웨덴** 스웨덴 왕궁 Stockholm Palace **72**

28. **불가리아** 알렉산더 넵스키 성당 Alexander Nevsky Cathedral **74**

29. **스페인** 세비아 대성당 Sevilla Cathedral **76**

　　　　사그라다 파밀리아 Temple Expiatori de la Sagrada Familia **77**

30. **오스트리아** 슈테판 대성당 Stephansdom **78**

　　　　빈 국립 오페라 극장 Vienna State Opera **79**

31. **러시아** 성 바실리 대성당 St. Basil's Cathedral **80**

　　　　크렘린 대궁전 Grand Kremlin Palace **81**

32. **루마니아** 브란성 Bran Castle **82**

33. **튀르키예** 아야 소피아 성당 Ayasofya **84**

　　　　술탄 아흐메드 모스크 Sultan Ahmed Mosque **85**

34. **이스라엘** 바위 사원 Dome of the Rock **86**

　　　　알 아크사 모스크 Al-Aqsa Mosque **87**

35. **폴란드** 비엘리치카 소금 광산 Wieliczka Salt Mines **88**

아프리카

36. **이집트** 쿠프 왕 피라미드 Khufu's Pyramid 92

    스핑크스 Sphinx 93

37. **잠비아** 빅토리아 폭포 Victoria Falls 94

38. **탄자니아** 세렝게티 국립 공원 Serengeti National Park 96

39. **남아프리카 공화국** 테이블 마운틴 Table Mountain 98

아메리카

40. **미국** 자유의 여신상 Statue of Liberty 102

    브루클린 다리 Brooklyn Bridge 103

41. **캐나다** 나이아가라 폭포 Niagara Falls 104

42. **브라질** 코르코바도 예수상 Christ the Redeemer 106

43. **아르헨티나** 이구아수 폭포 Iguazu Falls 108

44. **칠레** 모아이 석상 Moai 110

45. **페루** 마추픽추 Machu Picchu in Peru 112

46. **멕시코** 치첸이트사 Chichén Itzá in Mexico **114**

    엘 카스티요 **115**

    전사의 신전 **115**

47. **볼리비아** 우유니 소금사막 Salar de Uyuni **116**

48. **콜롬비아** 라스 라하스 성당 Las Lajas Shrine **118**

오세아니아

49. **호주** 오페라 하우스 The Sydney Opera House **122**

50. **뉴질랜드** 통가리로 국립 공원 Tongariro National Park **124**

여행을 떠나볼까?

아시아

1. **대한민국** N서울 타워 Namsan Seoul Tower
2. **일본** 히메지성 Himeji Castle
3. **중국** 만리장성 Great Wall of China
4. **인도** 타지마할 Tāj Mahal
   아그라 요새 Agra Fort
5. **방글라데시** 아산 만질 국립 박물관 Ahsan Manzil
   소나르가온 Sonargaon
6. **사우디아라비아** 카바 신전 Kaaba
   알 바이트 타워 Abraj Al Bait

아시아 여행을 떠나자!

7. **카타르** 어스파이어 타워 Aspire Tower
   펄 카타르
8. **이란** 반크 대성당 Vank Cathedral
9. **베트남** 하롱베이 Halong Bay
10. **필리핀** 인트라무로스 Intramuros
    성어거스틴 성당 San Agustín Church
    산티아고 요새 Fort Santiago
    마닐라 대성당 Manila Cathedral
11. **캄보디아** 앙코르 와트 Angkor Wat
12. **태국** 타이 왕궁 Grand Palace
    왓 프라깨우 (에메랄드 사원)
    왓 포
    왓 아룬
13. **아랍 에미리트** 부르즈 할리파 Burj Khalifa
14. **네팔** 부다나트 스투파 Boudhanath Stupa
    더르바르 광장 Durbar Square
15. **부탄** 파로 탁상 사원 Tiger's Nest Monastery
16. **싱가포르** 마리나 베이 샌즈 Marina Bay Sand
17. **쿠웨이트** 쿠웨이트 타워 Kuwait Tower

남산타워

파로 탁상 사원

타지마할

1. 대한민국
N 서울 타워

수도	서울	언어	한국어
인구	5,180만 명	통화	원
면적	\multicolumn{3}{c}{100,410㎢ (한반도★ 면적: 221,336㎢)}
인사말	\multicolumn{3}{c}{안녕하세요}

대한민국 남산 정상 부근에 위치한 전파 송출 및 관광용 타워라고 해요. 1975년에 완공되었고 높이는 236.7m, 해발 479.7m이며 원래 방송국의 전파 송출을 위한 종합 전파 탑으로 건설되었지만, 지금은 매년 수천 명의 관광객이 방문하는 관광 명소로 서울의 상징이기도 해요.

★한반도 압록강과 두만강을 경계로 하며, 제주도 등 우리나라 국토의 전역을 포함해요.

N 서울 타워는 총 8개 층으로 되어 있으며 서울 전경을 한눈에 볼 수 있는 전망대와 여러 편의 시설이 있어요.

　특히 T 2층 루프 테라스에서는 '사랑의 자물쇠'라는 이름으로 유명한 곳이 있어요. 이곳은 영원한 사랑을 상징하는 자물쇠를 매는 연인들이 즐겨 찾는 낭만적인 데이트 코스로 알려져 있고, 한국 드라마와 영화에서도 종종 소개되는 명소라고 해요.

우리 영원히 사랑하자!

2. 일본
히메지성 (Himeji Castle)

수도	도쿄	언어	일본어
인구	1억2605만 명	통화	엔
면적	377,975㎢ (한반도의 약 1.7배)		
인사말	곤니찌와		

히메지성은 일본 효고현 히메지시에 있는 성으로 17세기 초에 방어 체계를 갖춘 성곽으로 성벽은 불에 타지 않도록 백색의 회벽을 발라 주었으며 흰색 외벽과 날개 모양의 지붕이 마치 백로의 모습과 비슷하여 일명 백로성으로

유명하다고 해요.

히메지성은 1333년경 처음 지어졌으며, 도요토미 히데요시가 천수각을 증축하였고, 1609년에 완성되었어요. 1993년에는 성 전체가 유네스코 세계 문화유산으로 지정되었다고 하네요.

히메지성은 토요토미 히데요시★가 본거지로 사용하다가 일본을 통일하기 위해 전쟁의 본거지를 오사카성으로 옮겼다고 해요.

오사카성은 1583년에 1년 넘게 쌓아 만들었으나 이후 대부분 소실되어 현재는 당시의 모습을 재현하여 복원하였어요.

★**토요토미 히데요시** 일본을 통일하고 중국 대륙 침략의 야망을 실현하기 위하여 우리 나라를 공격하여, 임진왜란을 일으켰으나 실패한 일본의 정치가.

복원한 오사카성이구나!

3. 중국
만리장성 (Great Wall of China)

수도	베이징	언어	중국어
인구	14억 2천만 명 (대만, 홍콩, 마카오 제외)	통화	위안
면적	약 9,600,000㎢ (한반도의 약 44배)		
인사말	니 하오		

만리장성은 중국의 성벽 유적으로 흉노족이나 북방 유목 민족의 침략을 막기 위해 중국의 고대 진나라(시황제) 때 기존의 성곽을 잇고 부족한 부분은 새롭게 축조하여 만든 거대한 성곽이라고 해요.

만리장성의 길이는 지도상으로 2,700km이지만 중간에 갈라져 나온 성

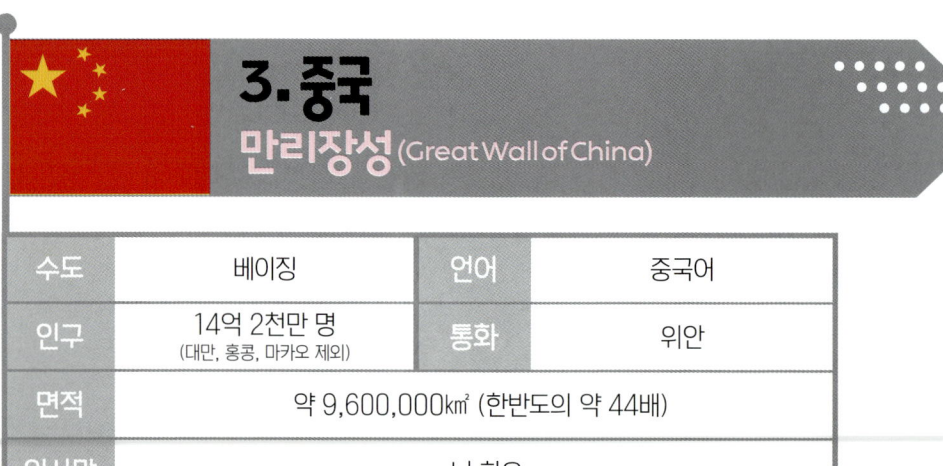

벽까지 합치면 6,400km나 된다고 해요. 세계 7대 불가사의 중 하나이며 1987년 유네스코 세계 문화유산으로 지정되었어요.

진시황제

중국 대륙을 통일하고 스스로 시황제라 칭하였어요. 중국 역사상 최대의 폭군이라는 비판을 받았지만, 도량형(길이, 부피, 무게 따위의 단위를 재는 방법)을 통일하고 전국 시대 국가들의 장성을 이어 만리장성을 완성하였어요.

오늘날 병마용갱 발굴 이후부터 시황제의 재평가가 활발히 이루어지고 있다고 해요.

4. 인도 (인도 공화국)
타지마할 (Taj Mahal)

수도	뉴델리	언어	힌두어, 영어
인구	13억 5천만 명	통화	인도 루피
면적	3,287,782㎢ (한반도의 15배)		
인사말	나마스떼		

  타지마할은 인도의 아그라에 위치한 궁전 형식의 대형 묘로 무굴 제국의 황제였던 샤 자한이 왕비 뭄타즈 마할을 추모하여 건축한 것으로 유네스코 세계 문화유산이기도 해요.

  1632년경에 건설을 시작해서 2만여 명이 넘는 노동자가 완공하는 데 22년이 걸렸고 당시 건축비로는 3,200만 루피 현 시세로는 우리 돈으로 약 9,400억이 들었다고 하네요.

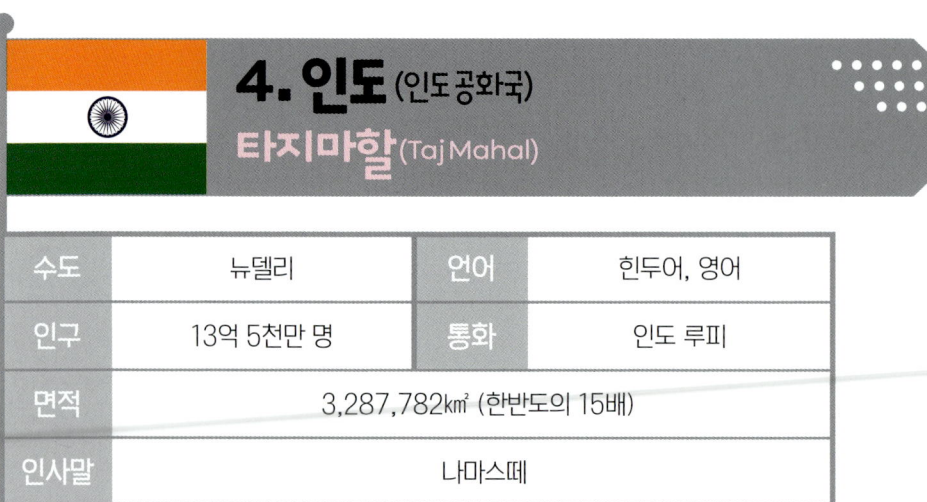

아그라요새 (Agra Fort)

　인도 아그라에 위치한 요새로 타지마할과 야무나 강을 사이에 두고 2.5km 떨어진 곳에 마주 보고 있어요.

　아그라 성은 성벽과 성문이 붉은 사암으로 만들어져 '붉은 성'이라고도 불리우며 무굴 제국의 황제 샤 자한이 말년에 그의 아들에 의해 타지마할이 가장 잘 보이는 8각형의 커다란 탑 무삼만 버즈(Muasamman Burj)에 갇혀 있다가 끝내 거기서 숨을 거두고 말았다고 해요.

연못이 성을 둘러싸고 있다네요.

5. 방글라데시 (방글라데시 인민공화국)
아산 만질 국립 박물관 (Ahsan Manzil)

수도	다카	언어	벵골어
인구	1억 6,265만 명	통화	방글라데시 타카 (Tk)
면적	147,570㎢ (한반도의 약 2/3)		
인사말	앗살라무 알라이꿈		

　아산 만질 국립 박물관은 방글라데시 수도 디카 인근의 강가에 위치하고 있으며 넓은 정원과 핑크색 건물로 일명 핑크 궁전이라고 디카에서 가장 유명한 건물 중 하나라고 해요.

　1872년 십여 년에 걸쳐 완공된 이 건축물은 당시 압둘 가니 장관의 아들 이름을 따서 궁전의 이름을 아산 만질이라고 지었고 수많은 관광객을 맞아들이는 기념비적인 건물로 손꼽히게 되었어요.

소나르가온 (Sonargaon)

이곳은 방글라데시의 옛 역사를 품고 있는 도시로 수도 디카에서 남동쪽으로 약 30km 정도 떨어진 곳에 있으며 팔라 왕조(13~15세기) 데바 왕조(16~17세기)의 수도로 한때 세상의 모든 물건을 사고파는 '황금 도시'라 불렀다고 해요.

이 도시에는 많은 역사의 흔적들이 있는데 자이날아베딘 민속 박물관과 고알디아 모스크는 꼭 가 봐야 할 곳이라고 해요.

여기가 황금 도시라 불리는 소나르가온이구나!

6. 사우디아라비아 (사우디아라비아왕국)
카바신전 (Kaaba)

수도	리야드	언어	아랍어
인구	3,410만 명	통화	사우디 리얄
면적	2,150,000㎢ (한반도의 10배)		
인사말	앗살라무 알라이꿈		

사우디아라비아의 메카에 있는 이슬람의 제1성지로 세계의 모든 이슬람교도는 카바 신전을 향해 예배한다고 해요. 모든 무슬림은 일생에 한 번 이상 메카 순례를 떠나는 것이 의무인데 메카 순례(하즈)의 의식도 이곳에서 시작이 되고 끝이 난다고 하지요.

만 명이상 들어가는 대형 기도실도 있어요.

외벽은 화강암으로 내부는 대리석으로 만들어졌으며 정면과 반대편은 약 12m, 옆면은 약 10m, 높이는 약 15m라고 해요.

알 바이트 타워 (Abraj Al Bait)

알 바이트 타워는 카바 신전 바로 앞에 있으며 지상 120층으로 되어있는 세계에서 가장 높은 건물 4위(2020년 기준)이며 세계에서 제일 높은 시계탑이기도 해요.

시계 바로 위에는 아랍어로 알라라고 쓴 문자가 있으며, 시계탑 꼭대기에는 이슬람의 상징인 초승달이 조각되어 있어요. 또한, 이 건물의 주 용도는 호텔로 메카에서 찾아오는 순례객들의 숙식을 제공하기 위해서 건설되었다고 하네요.

7. 카타르 (카타르국)
어스파이어 타워 (Aspire Tower)

수도	도하	언어	아랍어, 영어
인구	280만 명	통화	카타르 리얄
면적	11,581㎢ (대한민국 경기도 크기)		
인사말	앗살라무 알라이쿰		

 어스파이어 타워는 카타르 수도 도하에 있는 타워로 2007년 완공되었어요. 건물 외관은 횃불을 연상시키는 형태로 높이 300m의 카타르에서 가장 높은 건물이라고 해요.

2006년 카타르에서 아시안 게임이 개최가 되었는데 타워 정상에 성화대가 위치하여 역대 아시안 게임 성화대 중 가장 높은 곳으로 기록되었으며 '도하의 횃불'이라는 별명이 붙여졌다고 하네요.

펄 카타르

펄 카타르는 바다를 메워 만든 인공 섬으로 중동에서 가장 현대적이고 고급스러운 주거 지역으로 유럽 양식의 건물과 독특한 디자인의 아파트, 5성급 호텔, 레스토랑, 기타 편의 시설이 모여 있으며 해안을 따라 산책하거나 자전거를 타며 아름다운 경치를 감상할 수 있어요.
또한, 인공적인 해변에서 수영과 수상 스포츠를 즐길 수 있다고 해요.

동글 동글 멋있는 건물들이네!

8. 이란 (이란회교공화국)
반크 대성당 (Vank Cathedral)

수도	테헤란	언어	페르시아어 (공용어)
인구	8,490만 명	통화	이란 리알
면적	1,640,000㎢ (한반도의 7.5배)		
인사말	쌀람		

　이란에서 세 번째로 큰 도시 이스파한에 있는 반크 대성당은 해마다 많은 관광객이 찾아오는 명소로 이스파한에서 가장 많은 사람이 방문하는 성당이라고 해요.

이란에서 제일 먼저 찾는 도시라고 해요.

이스파한은 이란의 수도 테헤란 남쪽 약 420km에 위치하고 있으며 유서 깊고 아름다운 도시로 이란의 속담 '이스파한은 세상의 절반'이라는 말이 있을 정도로 아름답고 오랜 유적들이 잘 보전된 도시라고 해요.

이스파한에서 유명한 반크 대성당은 1655년 건립된 이란식 성당으로 역사가 깊고 건축미가 뛰어나 이란의 국가 문화유산으로 등록되었으며 성당 내부의 벽과 천장에는 예수의 탄생과 열두제자 상, 최후의 심판, 바벨탑 등 성화와 아라베스크 문양으로 가득 채워져 있어요.

9. 베트남 (베트남 사회주의 공화국)
하롱베이 (Halong Bay)

수도	하노이	언어	베트남어 (공용어)
인구	9,646만 명	통화	동
면적	331,000㎢ (한반도의 1.5배)		
인사말	씬 짜오		

하롱베이는 베트남 꽝닌성 통킹만 북서부에 있는 만*의 명칭이며 크고 작은 1900여 개의 섬이 있는 곳으로 1994년에 유네스코 세계 자연유산에 지정되었어요.

나도 저기서 동굴 탐험하고 싶어!

34

또한, 하롱베이 '하늘에서 용이 내려온 만'이라는 뜻으로 바다 건너에서 쳐들어온 침략자를 막기 위해 하늘에서 용이 내려와 입으로 보석과 구슬을 내뿜어 침략자를 물리쳤다는 전설이 있다고 해요.

하롱베이의 섬들은 사는 사람도 거의 없는 무인도이지만 많은 종류의 동식물이 존재하며 바다에는 1,000종 이상의 어류가 있어요. 또한, 석회암으로 이루어진 섬들에는 석회암 동굴이 많아 세계에서 모여든 여행자들이 보트를 타고 섬과 섬들 사이를 지나치며 동굴 깊숙한 곳으로 탐험을 나서기도 해요.

★만 바다, 호수 등의 큰 물이 육지 쪽으로 곧장 굽어 들어온 곳을 말해요.

10. 필리핀 (필리핀공화국)
인트라무로스 (Intramuros)

수도	메트로 마닐라	언어	필리핀어, 영어
인구	1억 877만 명	통화	페소
면적	300,400㎢ (한반도의 1.3배)		
인사말	마간당 우마가(아침), 마간당 하폰(오후), 마간당 가비(저녁)		

   인트라무로스는 필리핀 마닐라에 있는 성벽에 둘러싸인 도시로 파시그 강 남쪽에 위치한 옛 스페인 정복자들이 거주했던 곳이라고 해요.
   도시 안에는 성당, 관공서, 학교 등이 있으며 특히 성어거스틴 성당, 산티아고 요새, 마닐라 대성당 등이 대표적인 관광지라고 합니다.

성어거스틴 성당 (San Agustin Church)
   1607년 완공된 필리핀에서 가장 오래된 성당으로, 전쟁과 지진에도 잘 보존된 기적의 교회라고 해요.

유네스코 세계 문화유산에 지정되었어요.

산티아고요새 (Fort Santiago)

인트라무로스 성벽의 일부로 외부의 적을 대비해 쌓은 방어 요새라고 해요.

마닐라대성당 (Manila Cathedral)

인트라무로스의 중심부에 있는 성당으로 인트라무로스에서 가장 아름다운 건물이라고 해요.

11. 캄보디아 (캄보디아왕국)
앙코르 와트 (Angkor Wat)

수도	프놈펜	언어	크메르어(90% 이상), 프랑스어, 영어, 중국어
인구	1,649만 명	통화	리엘
면적	181,035㎢ (남한의 약 1.8배)		
인사말	쭘립 쑤어		

앙코르 와트는 앙코르 문화의 대표적 유적지로 12세기 초 30여 년에 걸쳐 건립되었으며 크메르 제국의 수도였던 앙코르 톰(Angkor Thom)에서 남쪽으로 약 1.5km 떨어진 곳에 있다고 해요. 또한, 캄보디아의 상징이기도 하여 국기에 그려져 있어요.

1992년에 유네스코 세계 문화유산에 등재된 앙코르 와트는 전쟁과 약탈로 인해 많은 유적지가 파괴되어 현재는 복구 작업에 힘쓰고 있다고 해요.

앙코르 와트는 폭이 190m 길이 5km가 넘는 거대한 해자(성 주위에 둘러 판 못)가 둘러싸여 있어 열대 우림이 사원을 완전히 집어삼키지 않도록 1차적으로 차단해 주기도 하며 앙코르 와트의 외벽은 가로 1,024m, 세로 802m이며, 그 높이는 4.5m라고 해요.

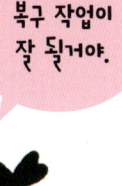
복구 작업이 잘 될거야.

12. 태국 (타이왕국)
타이왕궁 (Grand Palace)

수도	방콕	언어	타이어(공용어), 중국어, 말레이어
인구	6,963만 명	통화	바트
면적	513.000㎢ (한반도의 2.3배)		
인사말	싸왓디 크랍		

　타이 왕궁은 태국 방콕에 있는 복합 건축물로 가장 인기 있는 관광 명소라고 해요. 1782년에 지었으며 넓이는 218,400㎡, 총 길이가 1,900m에 달하는 네 개의 성벽에 둘러싸여 있어요.

타이 왕실의 상징적인 건물이며 왕실이나 국가의 공식행사만 이곳에서 거행된다고 해요.

또한, 타이 왕국 가까운 거리에 유명한 관광지 왓 프라깨우(에메랄드 사원), 왓 포, 왓 아룬 등이 있어 하루에 다 볼 수 있다고 하네요.

태국인들의 심장부와 같은 곳이에요.

왓 프라깨우 (에메랄드 사원)

태국에서 가장 훌륭하고 성스러운 사원 중 하나로 에메랄드 불상이 유명해 에메랄드 사원으로도 불린다고 해요.

왓 포

왓 포 사원의 가장 큰 볼거리는 와불상으로 길이 45m, 높이 15m이라고 해요.

왓 아룬

사원의 이름은 '새벽의 사원'이라는 뜻으로 새벽에 햇빛을 받으면 영롱한 무지개빛으로 비추어 준다고 해서 이름이 붙여졌다고 해요.

13. 아랍에미리트 (아랍에미리트연합국)
부르즈 할리파 (Burj Khalifa)

수도	아부다비	언어	아랍어, 영어
인구	928만 명	통화	아랍에미리트디르함
면적	83,600㎢ (한반도의 1/3)		
인사말	앗살라무 알라이쿰		

부르즈 할리파는 아랍 에미리트 두바이에 있는 높이 828m, 163층의 세계에서 가장 높은 빌딩으로 우리나라의 삼성 물산이 시공사로 참여해 2009년 완공되었어요.

레스토랑도 세계 제일 높은 곳에 있네요.

또한, 세계 최고층인 만큼 초당 10m씩 올라가는 세계에서 가장 빠른 엘리베이터가 있으며 사무실, 주거, 상업 시설, 오락 시설 등을 포함한 대규모 복합 시설을 갖추고 있다고 해요.

두바이 분수 (세계 3대 분수 쇼)

부르즈 할리파의 세계 최대 인공 호수에 설치된 분수로 축구장 약 17배 크기이며 시간마다 벌어지는 분수 쇼에서는 물줄기가 음악과 조명이 어우러져 춤을 추듯 아름다운 장관을 연출해 보는 이들이 쉽게 자리를 뜨지 못한다고 해요.

14. 네팔 (네팔 연방 민주공화국)
부다나트 스투파 (Boudhanath Stupa)

수도	카트만두	언어	네팔어
인구	2,913만 명	통화	네팔 루피
면적	147,181㎢ (한반도의 2/3)		
인사말	나마스테		

네팔의 수도 카트만두에 있는 부다나트 스투파는 네팔에서 가장 큰 불탑으로 높이 약 43m로 1979년 유네스코 세계 문화유산으로 지정되었어요.

전설에 따르면 한 천민이 부처님께 공양을 올리고자 왕을 찾아가 허락

을 구해 탑을 짓기 시작했으나 귀족들이 천민이 탑을 건설하는 것을 못마땅하게 여겨 공사를 중단을 요구했어요. 그러나 왕은 '한 번 허락된 것은 철회할 수 없다'라며 거부하였다고 해요.

더르바르 광장 (Durbar Square)

카트만두 시내 중심에 있는 유명한 광장으로 고대 네팔 왕궁이 이곳에 있어 하누만 도카 궁전 광장이라고도 해요.

또한, 세 개의 왕궁 광장 중 가장 예술적 가지가 높은 고대 건축물과 풍부한 역사를 지닌 곳이라고 하네요.

쿠마리(처녀 여신)이 살고 있는 곳으로 유명해요.

15. 부탄 (부탄왕국)

파로 탁상 사원 (Tiger's Nest Monastery)

수도	팀푸	언어	종카어(공식어), 영어, 네팔어
인구	82만 명	통화	눌트럼
면적	38,394㎢ (한반도의 약 1/5)		
인사말	꾸주장 뽈라		

파로 탁상 사원은 부탄의 대표적 랜드마크로 해발 3,120m에 있어요. 전 세계적으로 가장 유명한 불교 사찰들 중 하나로 1692년에 만들어졌으며 호랑이 둥지라고도 해요.

전설에 의하면 8세기경 부탄에 불교를 전파한 승려 파드마삼바바가 호랑이로 변신한 자신의 아내의 등을 타고 이곳으로 올라와 수행을 하였다고 해요.

부탄에서 가장 신성한 지역이며 수행자들이 깨달음을 얻은 곳으로 추앙받고 있다고 해요.

파드마삼바바 그림 멋지다

16. 싱가포르 (싱가포르 공화국)
마리나베이샌즈 (Marina Bay Sand)

수도	싱가포르	인구	570만 명
면적	718㎢ (서울의 약 1.2배)	통화	싱가포르 달러
언어	영어, 표준 중국어, 말레이어, 타밀어 및 기타 언어		
인사말	헬로		

 마리나 베이 샌즈는 싱가포르 마리나 베이에 위치한 높이 200m에 달하는 5성급 호텔이자 초대형 호텔 3개 동이 거대한 배 모양의 구조물을 떠받치고 있어요. 3개 동 57층으로 지상에서 최고 52도로 기울어졌으며 2010년에 우리나라 쌍용건설에서 완공하였어요.

인피니티 풀

마리나 베이 샌즈의 57층에 위치한 인피니티 풀은 3개 동의 최상층을 연결하여 만든 야외 수영장으로 세계에서 가장 크고 높은 곳에 있어 그곳에서 바라보는 바다와 야경은 말로 표현할 수 없을 정도로 아름답다고 해요.

구름도 잡힐 것 같아!

17. 쿠웨이트 (쿠웨이트국)
쿠웨이트 타워 (Kuwait Tower)

수도	쿠웨이트	언어	아랍어 (영어 통용)
인구	471만 명	통화	쿠웨이트 디나르
면적	17,818㎢ (대한민국 경상북도 크기)		
인사말	앗살라무 알라이쿰		

쿠웨이트 타워는 쿠웨이트시에 있는 3개의 타워로 1979년 3월에 완공되었어요.

메인 타워는 187m로 레스토랑과 물탱크로 사용되며 높이 123m의 회전 전망대(공 모양)는 30분마다 돌아가는 전망대로 쿠웨이트시의 전경을 볼 수 있어요.

중간 타워의 높이는 146m로 많은 양의 물을 저장할 수 있는 물탱크가 있으며 가장 작은 타워는 쿠웨이트시에 전기를 공급하는 역할을 한다고 해요.

위에서 보니 향수병 같아!

유럽

18. 그리스 아크로 폴리스 Acropolis
　　　　파르테논 신전 Parthenon
　　　　에레크테이온 신전 Erechtheion
19. 스위스 그로스뮌스터 대성당 Grossmünster
　　　　알프스 융프라우 알레치 Swiss Alps Jungfrau-Aletsch
20. 네덜란드 잔세스칸스 Zaanse Schans
21. 프랑스 에펠탑 Eiffel Tower
22. 이탈리아 콜로세움 Colosseum
23. 독일 쾰른 대성당 Cologne Cathedra
　　　　그레이트 세인트 마틴 교회 Great St. Martin Church

유럽 여행을 떠나자!

24. **영국** 빅 벤 (엘리자베스 타워) Elizabeth Tower
    타워 브리지 Tower Bridge
25. **헝가리** 부다성 Buda Castle
    세체니 다리 Szecheny lanchid
26. **핀란드** 헬싱키 대성당 Helsinki Cathedral
    수오멘린나 요새 Fortress of Suomenlinna
27. **스웨덴** 스웨덴 왕궁 (Stockholm Palace)
28. **불가리아** 알렉산더 넵스키 성당 (Alexander Nevsky Cathedral)
29. **스페인** 세비아 대성당 (Sevilla Cathedral)
    스페인 광장 (Piazza di Spagna)
30. **오스트리아** 슈테판 대성당 (Stephansdom)
    빈 국립 오페라 극장 (Vienna State Opera)
31. **러시아** 성 바실리 대성당 (St. Basil's Cathedral)
    크렘린 대궁전 (Grand Kremlin Palace)
32. **루마니아** 브란성 (Bran Castle)
33. **튀르키예** 아야 소피아 성당 (Ayasofya)
    술탄 아흐메드 모스크 Sultan Ahmed Mosque)
34. **이스라엘** 바위 사원 (Dome of the Rock)
    알 아크사 모스크 (Al-Aqsa Mosque)
35. **폴란드** 비엘리치카 소금 광산 (Wieliczka Salt Mines)

그로스뮌스터 대성당

에펠탑

성 바실리 대성당

18. 그리스 (그리스 공화국)
아크로폴리스 (Acropolis)

수도	아테네	언어	그리스어
인구	1,061만 명	통화	유로
면적	131,957㎢ (한반도의 2/3)		
인사말	칼리메라		

 아크로폴리스는 고대 그리스 도시의 높은 지대에 서로 뜻이 맞는 부족들이 협력하여 방어하기 알맞은 곳을 선정해 거기에 성벽을 쌓고 성채를 지운 곳으로 그리스의 수도 아테네에 위치하고 있으며 파르테논 신전을 비롯하여 많은 고대 건축물들이 있다고 해요. 또한, 역사적, 문화적 가치가 높아 유네스코 세계 문화유산에 지정되었어요.

파르테논 신전 (Parthenon)

고대 그리스 시대에 아테네의 수호 여신인 아테나에게 바친 신전이라고 해요.

에레크테이온 신전 (Erechtheion)

고대 아테네의 전설적인 왕 에레크테우스의 이름을 딴 신전이라고 해요.

6개의 아름다운 조각상이 있네요.

19. 스위스 (스위스 연방)
그로스뮌스터 대성당 (Grossmünster)

수도	베른	인사말	구텐 탁
인구	854만 명	통화	유로
면적		41,285㎢ (한반도의 약 1/5)	
언어		독일어(63%), 불어(23%), 이탈리아어(8%), 로망슈어(0.5%), 기타(5.5%)	

그로스뮌스터 대성당은 취리히에 있는 대성당으로 1100년부터 1220년에 걸쳐서 건축된 성당이라고 해요.

두 개의 쌍둥이 종탑을 가진 대성당은 스위스 종교 개혁이 시작된 곳으로 취리히를 대표하는 중세 건축물로 손꼽힌다고 해요.

취리히의 상징이래요.

알프스 융프라우 알레치 (Swiss Alps Jungfrau-Aletsch)

알프스 융프라우 알레치는 알프스 지역에서 가장 큰 빙산 지대로 2001년 유네스코 세계 자연유산으로 지정되었고 이 지역은 고지대이지만 철도가 계발되어 융프라우 정상까지 쉽게 접근할 수 있어요.

이 지역의 산악 철도는 해발 3,454m의 유럽에서 가장 높은 위치에 있는 철도로 1896년 시작된 공사가 16년에 걸쳐 1912년에 완공되었다고 해요.

20. 네덜란드 (네덜란드 왕국)
잔세스칸스 (Zaanse Schans)

수도	암스테르담	언어	네덜란드어
인구	1,720만 명	통화	유로
면적	41,543㎢ (한반도의 약 1/5)		
인사말	호이		

　잔세스칸스는 수도 암스테르담에서 북쪽으로 약 15km 떨어진 네덜란드의 전형적인 풍경을 간직한 마을로 풍차와 양의 방목으로 유명해요.

　잔세스칸스의 이름은 네덜란드 군대가 스페인 군대의 공격에 대비하기 위해 강에 요새를 건설한 뜻에서 유래되었다고 하네요.

풍차 마을

17, 18세기에는 풍차가 많이 있었지만, 지금은 관광용으로 몇 개만 남아 있다고 해요.

네덜란드는 바다보다 땅이 낮고 질퍽거리는 곳이 많아 나막신이 유명하여 관광 상품으로도 인기가 좋다고 해요. 또한, 풍차의 내부를 관람하며 유명한 치즈도 맛볼 수 있다고 하네요.

나막신

고소한 치즈냄새~

21. 프랑스 (프랑스 공화국)
에펠탑 (Eiffel Tower)

수도	파리	언어	프랑스어
인구	6,690만 명	통화	유로
면적	675,417㎢ (속령 포함 / 한반도의 3.1배)		
인사말	봉쥬르		

　에펠탑은 프랑스 파리에 1893년에 프랑스 혁명 100주년을 맞이하여 만든 건축물이라고 해요.

꼭대기 전망대 올라가 전경을 즐겨야지!

높이 324m로 그 당시에는 세계에서 가장 높은 건축물이었고, 건물 자체가 철골 구조로 되어 있어서 더운 여름에는 철제의 팽창으로 조금씩 변화하여 높아진다고 해요.

　또한, 에펠탑에 오르면 한눈에 도심 전경과 유명한 마르스 광장까지 아름다운 경관을 즐길 수 있다고 해요.

에펠탑에서 바라본 마르스 광장

　마르스 광장은 에펠탑의 동쪽에 위치해 있으며, 다양한 행사와 시민들의 휴식처로 과거 이 지역은 군사 훈련장으로 사용되었다고 하네요.

22. 이탈리아 (이탈리아공화국)
콜로세움 (Colosseum)

수도	로마	언어	이탈리아어
인구	6,048만 명	통화	유로
면적	302,072㎢ (한반도의 약 1.4배)		
인사말	부온 죠르노(아침,낮), 부오나 세라(밤)		

여기가 검투사 경기가 있던 곳이에요.

콜로세움은 로마 중심지에 위치한 역사적 건축물로 로마 제국 시대의 대표적인 공연장 및 전투 경기장으로 원래의 이름은 '플라비우스 원형 경기장'이라고 해요.

세계 최대의 공연장 중 하나로 높이 4층 약 48m, 길이 약 188m, 너비는 약 156m로 약 5만 명의 관중을 수용할 수 있으며 건축 연도는 약 70~80년경이라고 해요.

유네스코 세계 문화유산 지정

콜로세움의 내부는 계단식으로 되어 있고 관중용 좌석은 세 개의 구역으로 나누어져 있는데, 사회적 계층에 따라 나뉘었으며 하부 계층일수록 상단 층에 위치하고, 황제와 귀족들은 아레나(경기장 중앙)와 가장 가까운 자리에 앉았다고 해요.

23. 독일 (독일 연방공화국)
쾰른 대성당 (Cologne Cathedra)

수도	베를린	언어	독일어
인구	8,316만 명	통화	유로
면적	357,580㎢ (한반도의 1.6배)		
인사말	구텐 모르겐(아침), 구텐 탁(점심), 구텐 아벤트(저녁)		

쾰른 대성당은 쾰른에 위치한 가톨릭 대성당이에요.
이 성당은 고딕 양식 건축이 뛰어나 1996년 유네스코 세계 문화유산에

등재되었으며 건축은 1248년에 시작되었으나 예산 문제, 전쟁 등 다양한 이유로 1880년에 완공되었어요.

높이 약 157m로 세계에서 세 번째로 큰 성당이며 전망대에서 쾰른의 아름다운 풍경을 감상할 수 있다고 해요.

모습을 되찾아서 좋아요.

그레이트 세인트 마틴 교회 (Great St. Martin Church)

쾰른 대성당에서 걸어서 10분 정도 소요되는 위치에 있으며 제2차 세계 대전으로 파괴되었으나 오랜 시간의 노력 끝에 옛 모습을 되찾았어요.

24. 영국 (그레이트브리튼과 북아일랜드 연합 왕국)

빅 벤 (엘리자베스 타워) (Elizabeth Tower)

수도	런던	언어	영어
인구	6,048만 명	통화	스털링 파운드
면적	243,610㎢ (한반도의 1.1배)		
인사말	헬로		

종소리로 시간을 알려줘요.

 빅 벤은 런던 웨스트민스터 사원(국회의사당) 북쪽 끝에 위치하고 있어요.

 빅 벤은 원래 타워 내부에 있는 큰 종의 이름이었으나 2012년 엘리자베스 2세의 즉위 60년을 기념하여 엘리자베스 타워

로 이름이 바뀌었어요.

1859년에 완공된 엘리자베스 타워는 전체 높이 96m, 시계판의 지름 7m, 시침의 길이 2.7m, 분침은 4.3m이며 종은 13.5t이라고 해요.

시계의 정확도는 세계적으로도 유명하며 런던을 상징하는 장소이기도 해요.

타워브리지 (Tower Bridge)

타워 브리지는 빅 벤과 함께 런던의 대표적 랜드마크로 런던의 템스강 하류에 위치하고 있으며 높이 65m, 총 길이 244m로 1894년에 완공되었어요.

항해 가능한 선박이 지나갈 때 다리의 중앙 부분을 수직으로 들어올려 길을 비켜 줄 수 있는 구조로 되어 있다고 하네요.

25. 헝가리
부다성 (Buda Castle)

수도	부다페스트	언어	헝가리어
인구	980만 명	통화	헝가리 포린트
면적	9만 3030 ㎢ (한반도의 2/5)		
인사말	씨아		

부다성은 부다페스트에 있는 헝가리 국왕들이 살았던 역사적인 성채(성과 요새)라고 해요.

유람선을 타고 보는 부다성도 멋있어요.

13세기경에 건설되었으며 역사적인 건축물이 많은 부다 지역의 중심에는 부다 궁전이 있으며 높은 언덕위에 있다고 해요. 현재 궁전 내부에는 역사 박물관, 국립 미술관, 국립 도서관 등이 마련되어 있어요.

세체니다리(Szechenyi lanchid)

세체니 다리는 1849년에 개통된 부다페스트의 도나우강을 가로질러 놓은 다리로 부다 궁전과 마차시 교회가 배경으로 보이는 야경은 유럽에서 가장 아름다운 명소 중 하나라고 해요.

26. 핀란드 (핀란드공화국)
헬싱키 대성당 (Helsinki Cathedral)

수도	헬싱키	언어	핀란드어, 스웨덴어
인구	554만 명	통화	유로
면적	\multicolumn{3}{l}{338,424㎢ (한반도의 약 1.5배)}
인사말	\multicolumn{3}{l}{휘바아 후오멘따(아침), 휘바아 빠이바(점심), 휘바아 일따(저녁), 헤이(안녕)}

헬싱키 대성당은 헬싱키 중심부에 있는 루터교* 교회의 대성당으로 1852년에 완공되었어요. 대성당 정면에는

6개의 거대한 기둥, 중앙에는 푸른색 큰 돔과 양 귀퉁이에 4개의 작은 돔이 있는 게 특징이며 핀란드 국민의 대다수가 루터교라 각종 국가적인 종교 행사가 거행된다고 해요.

수오멘린나 요새 (Fortress of Suomenlinna)

수오멘린나는 헬싱키 근해에 있는 여섯 개의 섬을 연결해서 만든 요새로 1748년 핀란드를 지배하고 있던 스웨덴이 러시아에 맞서기 위해 지어졌다고 해요.

유네스코 세계 문화유산으로 지정되었으며 헬싱키를 찾는 관광객들이 가장 많이 찾는 명소 중 하나라고 해요.

와! 섬이 다 이어져 있네.

★ 루터교 루터에 의해 시작된 성서 중심의 그리스도교 교파 가운데 하나

27. 스웨덴 (스웨덴왕국)

스웨덴 왕궁 (Stockholm Palace)

수도	스톡홀름	언어	스웨덴어
인구	1,020만 명	통화	스웨덴 크로나
면적	449,964㎢ (한반도의 약 2배)		
인사말	굿 모론(아침), 굿 다그(점심), 굿 아프톤(저녁)		

스웨덴 왕궁은 스톡홀름에 있는 역대 국왕이 거처하는 곳이었으나 현재는 외교 사절단, 귀빈을 위한 만찬 회장으로 이용되고 있어요.

1697년 대형 화재로 피해를 입어 오랜 복원 끝에 1754년 완공되었고 3층 규모의 건물로 내부에는 약 600개의 방이 있다고 해요.

또한, 스웨덴 왕궁에서 꼭 봐야 하는 근위병 교대식은 하루 한 번 점심시간 때 열리며 관광객들의 인기가 좋다고 해요.

힘찬 행진곡이 들리며 등장해요.

28. 불가리아 (불가리아공화국)
알렉산더 넵스키 성당 (Alexander Nevsky Cathedral)

수도	소피아	언어	불가리아어
인구	695만 명	통화	레바
면적	110,000㎢ (한반도의 약 1/2)		
인사말	즈드라베이		

알렉산더 넵스키 성당은 소피아에 있는 대성당으로 발칸반도에서 세르비아의 성 시바 대성당에 이어 두 번째로 큰 대성당이라고 해요.

러시아·투르크 전쟁 (1877-1878)에서 불가리아의 독립을 위해 죽은 러시아 군인 20만 명을 기리기 위해 1882년 공사를 시작해서 1912년에 완공되었어요.

금박 돔과 에메랄드색 지붕이 인상적인 이 성당은 높이는 45m이고 성당의 이름은 러시아의 국민적 영웅 알렉산더 넵스키에서 유래되었다고 해요.

발칸반도란?

유럽 대륙 동남부에 있는 큰 반도로 이에 해당하는 국가는 그리스·알바니아·불가리아·루마니아·세르비아·몬테네그로·슬로베니아·크로아티아·보스니아-헤르체고비나·마케도니아 등이 있어요.

민족간의 대립이 심해 '유럽의 화약고'란 별칭이 있어요.

29. 스페인 (스페인왕국)
세비아대성당 (Sevilla Cathedral)

수도	마드리드	언어	스페인어, 카탈루냐어, 바스크어, 갈라시아어, 아란어
인구	4,933만 명	통화	유로
면적	505,370㎢ (한반도의 약2.3배)		
인사말	부에노스 디아스(아침), 부에노스 따르데스(점심), 부에나스 노체스(저녁), 올라(안녕)		

세비아 대성당은 세비아에 위치한 세계에서 세 번째로 큰 성당이며 고딕 양식 성당 중에는

가장 크다고 해요.

또한, 세비아 성당은 13세기 세비아를 정복한 기독교인들이 이슬람 사원을 허물고 그곳에 성당을 지었는데 이슬람 사원의 종탑만은 너무 아름다워 그대로 살려 두었으며, 그 종탑이 성당 한편에 우뚝 서 있는 히랄다탑으로 이슬람의 상징을 제거하고 그 위에 예배시간을 알리는 28개의 종과 가톨릭 신앙을 상징하는 조각상을 세웠다고 해요.

건축은 1400년경 시작을 해서 100년이 넘게 공사한 끝에 1506년에 완공되었어요.

사그라다파밀리아(Temple Expiatori de la Sagrada Familia)

스페인의 세계적인 건축가 안토니 가우디가 설계하고 직접 건축 감독을 맡은 로마 가톨릭교의 성당이다.

'사그라다'는 스페인어로 성스러운 뜻을 가졌으며, '파밀리아'는 가족을 뜻하기 때문에 성가정 성당이라고도 해요.

바르셀로나에서 가장 유명한 건축물이야.

30. 오스트리아 (오스트리아공화국)
슈테판 대성당 (Stephansdom)

수도	빈	언어	독일어
인구	870만 명	통화	유로
면적	83,879㎢ (한반도의 약 2/5)		
인사말	구텐 탁		

슈테판 대성당은 빈에 위치하고 있으며 12세기 중반 로마네스크 양식으로 건설을 시작하였고, 14세기 중반에 고딕 양식으로 재건한 독특한 혼합 양식의 건물이라고 하네요.

건물의 길이가 107m, 천정 높이 39m이며, 첨탑의 높이가 137m로 특히 23만 장의 청색과 금색 벽돌로 만든 화려한 지붕 장식이 유명하며 세계적인 음악가 모차르트의 결혼식(1782년)과 장례식(1791년)을 치른 곳이라고 해요.

빈 국립 오페라 극장 (Piazza di Spagna)

슈테판 대성당에서 약 1km, 걸어서 약 15분 정도 떨어진 곳에 있으며 세계 3대 오페라 극장 중 하나로 1869년에 완공되었어요.

총 객석이 2,200여 개로 규모 자체도 엄청나며 세계적인 음악가 등이 이곳을 거쳐 가면서 더욱 유명해졌다고 해요.

입석(서서 관람) 티켓도 있다고 해요.

31. 러시아 (러시아연방)
성바실리대성당 (St. Basil's Cathedral)

수도	모스크바	언어	러시아어
인구	1억 4,890만 명	통화	루블
면적	17,080,000㎢ (한반도의 78배)		
인사말	즈드라스뜨부이쩨		

성 바실리 대성당은 모스크바에 있는 정치·역사·상업의 중심인 붉은 광장의 남쪽에 위치해 있으며 가지각색의 양파 모양을 갖춘 돔이 특징으로 유네스코 세계 문화유산으로 등재되었어요.

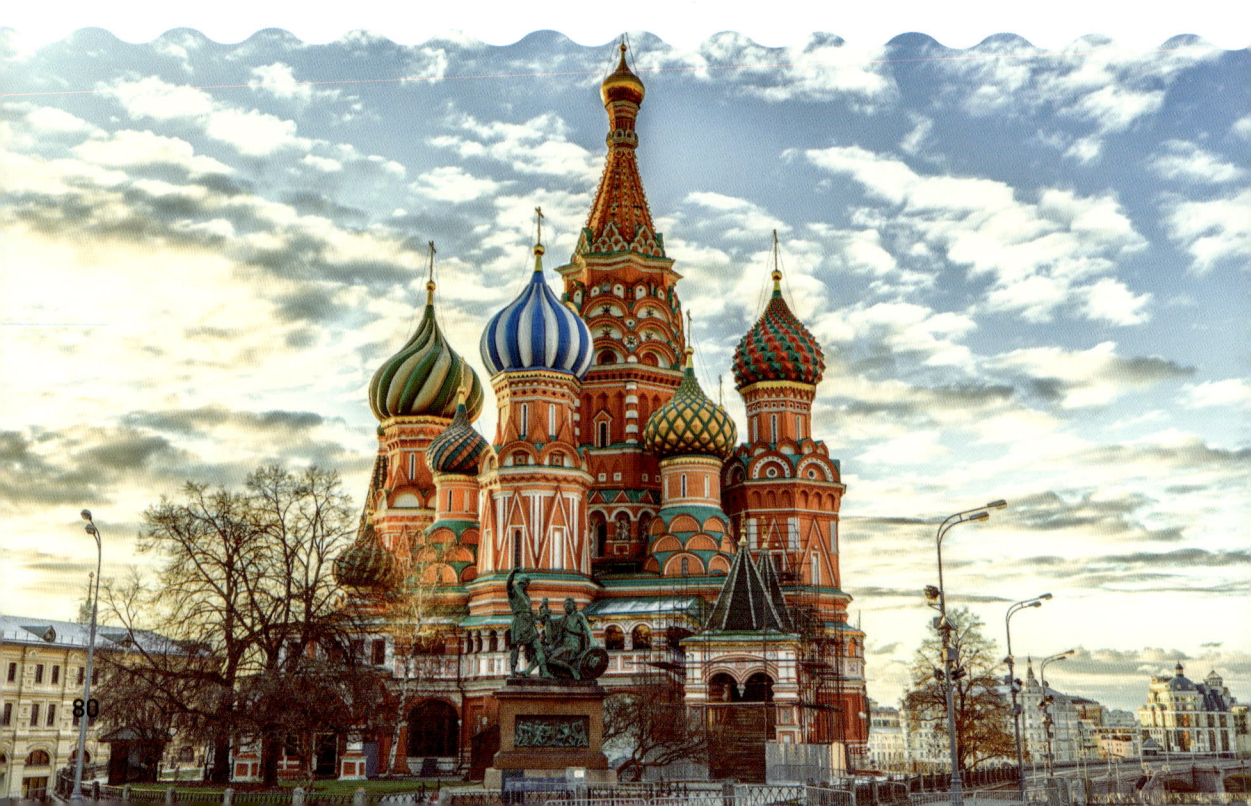

러시아의 통치자 이반 4세가 타타르 칸국의 정벌을 기념하여 만든 성당으로 1555년에 건축하여 1561년에 완공되었고 총 높이 47.5m, 9개의 돔으로 이루어진 대성당이라고 해요.

1980년대에 발매된 오락실용 테트리스 게임의 배경이 바로 성 바실리 대성당이라고 하네요.

크렘린 대궁전 (Grand Kremlin Palace)

성 바실리 대성당과 가까운 거리에 있는 크렘린 대궁전은 크렘린(성벽 전체 길이가 약 2,200m의 거대한 요새) 내에 있는 바로크 양식의 궁전으로 길이 약 124m, 높이 47m, 면적 약 25,000㎡로 현재는 외교 인사들을 맞이하는 곳이라고 해요.

방이 700여 개나 된다고 하네요.

32. 루마니아
브란성 (Bran Castle)

수도	부쿠레슈티	언어	루마니아어, 헝가리어
인구	1,936만 명	통화	루마니아 레이
면적	238,397㎢ (한반도의 1.1배)		
인사말	부너 디미네아쳐(아침), 부너 지우와(점심), 부너 세아라(저녁), 살루트(친한 사이)		

　브란성은 브라쇼브 남서쪽 32km 지점에 위치해 있는 성으로 소설 〈드라큘라〉의 가상 모델인 블라드 3세가 머물렀던 곳으로 절벽 위에 세워져 있는 드라큘라의 성으로 알려지면서 동유럽의 대표 관광지가 되었다고 해요.

1640년경 이 성에 머물렀던 왈라키아 공국의 통치자 블라드 3세는 블라드 체페슈 또는 드라큘라라는 별명을 가지고 있었는데 죄인이나 포로를 꼬챙이로 꿰어 죽이는 공포 정치를 하여 붙은 별명이라고 해요. 또한, 본인도 별명이 마음에 들어 서명할 때도 별명으로 썼다고 해요.

드라큘라의 모델, 블라드 3세

정말 드라큘라 백작이 나올 거 같은 성이네요!

33. 튀르키예 (튀르키예 공화국)

아야소피아성당 (Ayasofya)

수도	앙카라	언어	튀르키예어
인구	8,315만 명	통화	튀르키예 리라
면적	779,452㎢ (한반도의 약 3.5배)		
인사말	메르하바		

아야 소피아 성당은 튀르키예 최대 도시인 이스탄불에 있는 비잔틴* 양식의 돔형으로 만들어진 성당이며 성당 옆에 있는 4개의 탑은 '미나레트*'라 부른다고 해요.

처음에는 대성당으로 지어졌으나 박물관으로 변경이 되고 다시 2020년 이슬람의 모스크★로 바뀌었다고 해요.

술탄 아흐메드 모스크 (Sultan Ahmed Mosque)

아야 소피아 성당과 맞은 편 걸어서 5분 거리에 있으며 사원 내부의 벽면이 파란색 타일로 장식되어 있어 블루 모스크라는 이름으로 널리 알려져 있어요.

이곳의 독특한 특징 중 하나는 아야 소피아 성당과 달리 앞쪽에 4개, 뒤쪽에 2개의 총 6개 첨탑이 있다는 점입니다. 1609년 오스만 제국의 술탄(황제)이 건축가에게 금(알튼 altın)으로 모스크를 만들라고 했는데 6(알트 altı)으로 잘못 이해해 6개의 첨탑이 만들어졌다는 설이 있으며 1616년에 완공되었다고 해요.

여기 입장하려면 엄격한 복장 규정이 있다고 하네요.

★비잔틴 비잔티움 제국의 영토 및 그 지배하에 있던 국가들의 미술 양식
★미나레트 모스크의 부수 건물로 예배 시간 공지(아잔)를 할 때 사용되는 탑
★모스크 이슬람교에서, 예배하는 건물을 이르는 말

신발을 벗고 여자는 스카프로 머리카락 전체를 가려야 들어갈 수 있어요.

34. 이스라엘
바위 사원 (Dome of the Rock)

수도	예루살렘 (국제법상: 텔아비브)	언어	히브리어, 아랍어
인구	905만 명	통화	셰켈
면적	20,325㎢ (한반도의 1/10배)		
인사말	샬롬		

　바위 사원은 예루살렘의 구시가지 성전산에 위치한 이슬람교의 성지로, 팔각형 형태의 구조에 거대한 돔이 얹혀져 있는데 이 돔의 지름은 약 20m, 꼭대기의 높이는 35m에 달하며 691년에 완공되었어요.

사원 속에 모셔져 있는 바위(돌)는 아브라함*이 자신의 아들 이삭을 신에게 제물로 바친 곳이라 하여 세계에서 가장 신성한 장소로 불린다고 해요.

알아크사 모스크 (Al-Aqsa Mosque)

성전산 남쪽에 위치한 이슬람 3대 성지의 하나인 은색 둥근 지붕의 이슬람교 사원으로 705년에 완공되었으며 매해 많은 무슬림(이슬람교를 믿는 사람)이 성지순례를 위해 방문한다고 해요.

★아브라함 기독교 구약 성경 창세기에 나오는 이스라엘 민족의 시조.

십자군 시대에는 십자군의 왕궁으로 사용하기도 했어요.

35. 폴란드 (폴란드 공화국)
비엘리치카 소금 광산 (Wieliczka Salt Mines)

수도	바르샤바	언어	폴란드어
인구	3,856만 명	통화	즈워티
면적	312,685㎢ (한반도의 1.4배)		
인사말	지엔 도브리		

　비엘리치카 소금 광산은 폴란드에서 두 번째로 큰 도시 크라쿠프에서 약 15km 떨어진 곳 비엘리치카 마을의 소금 광산으로 1978년 유네스코 세계 문화유산으로 저정되었으며 지하 9층 327m 깊이까지 개발되었어요.

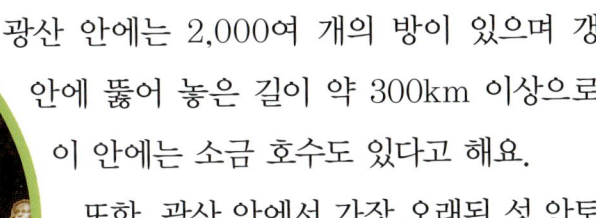

광산 안에는 2,000여 개의 방이 있으며 갱 안에 뚫어 놓은 길이 약 300km 이상으로 이 안에는 소금 호수도 있다고 해요.

또한, 광산 안에서 가장 오래된 성 안토니우스 예배당, 110m 지하에 있는 성 킹카 성당, 광부들이 소금으로 조각한 수많은 조각 작품 등이 유명하다고 해요.

소금박물관도 당연히 있어요.

아프리카

아프리카 여행을 떠나자!

36. **이집트** 쿠프 왕 피라미드 Khufu's Pyramid

　　　　스핑크스 Sphinx

37. **잠비아** 빅토리아 폭포 Victoria Falls
38. **탄자니아** 세렝게티 국립 공원 Serengeti National Park
39. **남아프리카 공화국** 테이블 마운틴 Table Mountain

쿠프 왕 피라미드

빅토리아 폭포

세렝게티 국립 공원

36. 이집트 (이집트 아랍 공화국)
쿠프 왕 피라미드 (Khufu's Pyramid)

수도	카이로	언어	아랍어
인구	1억 1,300만 명	통화	이집트 파운드
면적	997,739㎢ (한반도의 약 5배)		
인사말	앗살라무 알라이쿰		

쿠프 왕 피라미드는 카이로에서 서쪽으로 약 13km 떨어져 있어요.

피라미드는 고대 이집트 왕들의 무덤으로 지금으로부터 약 4천 년~5천 년 전에 만들어진 것으로 이집트의 대표적인 쿠푸 왕, 카프레 왕, 멘카우

돌 하나의 무게가 평균 2.5톤이나 된대요!

레 왕 피라미드가 가장 규모가 크고 유명하다고 해요.

특히 쿠푸 왕의 피라미드는 세계 7대 불가사의의 하나로 밑변 약 230m, 높이 146m에 달하며 약 230만 개의 거대한 돌을 사용했어요. 이 거대한 피라미드를 세우는 데에는 수만 명의 인력이 투입되어야 했으며, 완성하는 데에 약 20년이나 걸렸다고 해요.

스핑크스 (Sphinx)

카프레 왕의 피라미드 앞에 있는 스핑크스가 가장 크고 오래된 것으로 이 독특한 모양은 사자의 몸뚱이에 사람의 머리를 결합한 것으로 왕권을 상징하며 전체의 길이 약 70m, 높이가 약 20m 라고 해요.

37. 잠비아 (잠비아공화국)
빅토리아폭포 (Victoria Falls)

수도	루사카	언어	영어, 벰바어
인구	1,780만 명	통화	잠비아 크와차
면적	752,618㎢ (한반도의 약 3.4배)		
인사말	헬로		

 빅토리아 폭포는 아프리카 잠비아와 짐바브웨의 경계를 흐르는 잠베지강에 있는 대폭포로 너비 약 1,500m, 높이 약 110m에 달하며 영국 탐험가에 의해 발견되었으며 빅토리아 여왕의 이름을 따서 빅토리아 폭포라 불렀다고 해요. 또한, 멀리서 물보라만 보이고 굉음의 소리만 들려서 원주민들은 '천둥소리 나는 연기(Mosi-Oa-Tunya)'라 불렀다고 하네요.
 세계 3대 폭포 중 하나로 유네스코 세계유산에 등록되어 있어요.

38. 탄자니아 (탄자니아합중국)
세렝게티 국립 공원 (Serengeti National Park)

수도	다르에스살람 (경제·행정 수도) 도도마 (정치 수도)	언어	스와힐리어, 영어
인구	5,800만 명	통화	탄자니아 실링
면적	945,087㎢ (한반도 약 4.3배)		
인사말	후잠보		

세렝게티 국립 공원은 탄자니아 북부에 있는 곳으로 마사어족 언어로는 '끝없는 초원'이라는 뜻을 가지며 유네스코 세계유산으로 등록되어 있어요.

망원경이 필수품이라고 하네요.

우리나라 강원도 면적(약 1만 6800 km²)보다 조금 작은 면적 1만 4763 km²로, 약 300만 마리(코끼리, 얼룩말, 사자, 검은꼬리누 등)의 수많은 종류의 동물이 살고 있으며 이 중에서도 150만 마리가 넘는 세계 최대의 검은꼬리누 무리는 이곳의 상징이라고 할 수 있어요.

또한, 우리나라뿐만 아니라 세계의 각 방송사의 자연 다큐멘터리 프로그램에 단골로 등장하는 주된 장소이기도 해요.

39. 남아프리카 공화국
테이블 마운틴 (Table Mountain)

인구	5,671만 명	인사말	헬로
면적	1,220,000km² (한반도의 5.5배)	통화	랜드
수도	프리토리아 (행정 수도), 케이프타운 (입법 수도), 블룸폰테인 (사법 수도)		
언어	총 11개 언어를 공용어로 사용		

테이블 마운틴은 케이프반도 북단에 있는 산으로 정상 부분이 평평하게 테이블(탁자) 모양이라고 해서 테이블이라는 이름이 지어진 것이라고 해요.

산 정상은 들판 한가운데 있는 느낌!!

이 산은 해발 1,084m로 테이블 마운틴 국립 공원의 일부로 대서양을 바라보고 있으며 케이블카(케이블카 바닥 360도 회전)를 타고 10여 분만에 마운틴 정상에 도달할 수 있어요. 정상에 오르면 넓고 평평한 평지 좌우로 길이가 약 3km이며, 대서양과 도서 전체의 아름다운 전경을 감상할 수 있다고 해요.

아메리카

아메리카 여행을 떠나자!

40. 미국 자유의 여신상 Statue of Liberty

　　　　브루클린 다리 Brooklyn Bridge

41. 캐나다 나이아가라 폭포 Niagara Falls

42. 브라질 코르코바도 예수상 Christ the Redeemer

43. 아르헨티나 이구아수 폭포 Iguazu Falls

44. 칠레 모아이 석상 Moai

45. 페루 마추픽추 Machu Picchu in Peru

46. 멕시코 치첸이트사 Chichén Itzá in Mexico

　　　　엘 카스티요

　　　　전사의 신전

47. 볼리비아 우유니 소금사막 Salar de Uyuni

48. 콜롬비아 라스 라하스 성당 Las Lajas Shrine

자유의 여신상

모아이 석상

우유니 소금사막

40. 미국 (미합중국)
자유의 여신상 (Statue of Liberty)

수도	워싱턴 D.C	언어	영어
인구	3억 2,823만 명	통화	미국 달러
면적	9,830,000㎢ (한반도의 45배)		
인사말	헬로		

 자유의 여신상은 뉴욕 리버티섬에 세워진 조각상으로 미국의 독립 100주년을 기념해 프랑스가 보낸 선물이며 1984년 유네스코 세계유산으로 지정되었어요.

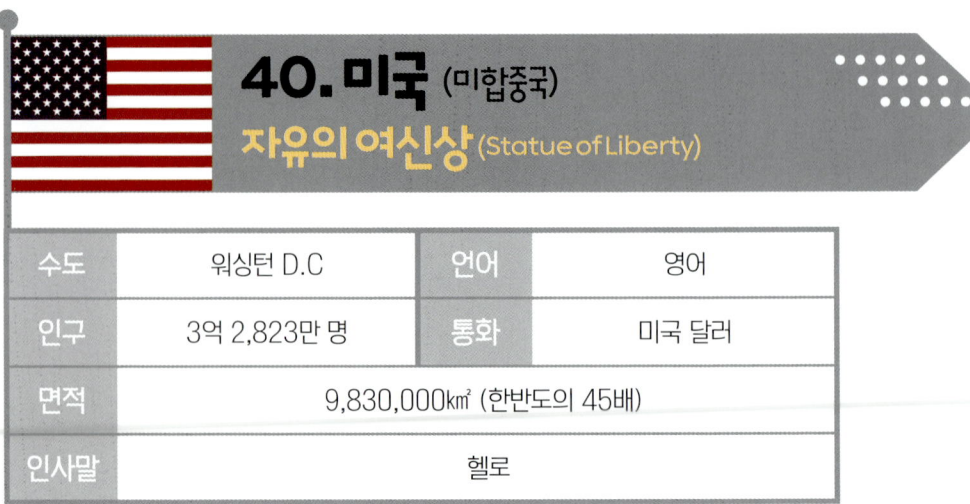

여신상 왕관 부분에 전망대가 있어요.

여신상의 높이 46m, 받침대 높이 47.5m, 총 93.5m이며 무게는 225,000kg으로 오른손에는 '세계를 비추는 빛'을 상징하는 횃불을, 왼손에는 미국의 독립 기념일 1776년 7월 4일이 새겨진 독립 선언서를 들고 있으며 1884년에 완성되었다고 해요.

브루클린 다리 (Brooklyn Bridge)

브루클린 다리는 뉴욕시의 맨해튼과 브루클린을 연결하는 강철 케이블을 최초로 사용한 다리라고 해요.

총 길이 약 1,830km로 1883년에 완공되었으며 뉴욕을 방문하는 관광객들은 맨해튼의 전경이 아름다워 걸어서 건너간다고 해요. 또한, 영화와 드라마 촬영지로도 유명하며 특히 야경은 정말 아름답다고 하네요.

41. 캐나다
나이아가라폭포 (Niagara Falls)

수도	오타와	언어	영어, 프랑스어
인구	3,774만 명	통화	캐나다 달러
면적	9,970,000㎢ (세계 2위, 한반도의 45배)		
인사말	헬로		

　나이아가라 폭포는 캐나다와 미국 국경 사이에 있는 폭포로, 대형 폭포인 캐나다 폭포(말발굽 폭포)와 미국 폭포로 나누어지며 소형 폭포인 브라이달 베일 폭포(미국 영토)가 있어요.

캐나다 폭포의 높이는 약 53m, 너비 약 790m로 이과수 폭포, 빅토리아 폭포와 함께 세계 3대 폭포로 꼽힌다고 해요.

폭포로 인해 주변은 항상 물안개가 피어나고 미국 쪽보다는 캐나다 쪽의 전망이 더 좋은 것으로 알려져 있으며 물이 떨어지는 힘이 세서 수력 발전을 위해 사용하기도 해요.

밤에도 너무 멋있다!

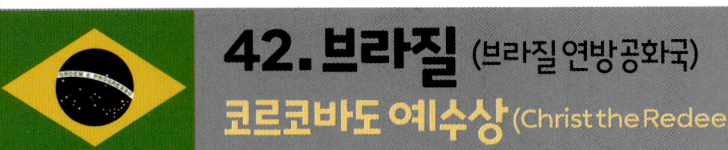

42. 브라질 (브라질 연방공화국)
코르코바도 예수상 (Christ the Redeemer)

수도	브라질리아	언어	포르투갈어
인구	2억 1천만 명	통화	헤알
면적	8,510,000㎢ (한반도의 약 37배)		
인사말	봉 지아(아침), 보아 따르지(오후), 보아 노이뜨(저녁)		

코르코바도 예수상은 리우데자네이루의 코르코바도 언덕 정상에 있으며 포르투갈로부터 독립한 지 100주년을 기념해서 만든 예수 그리스도의 조각상이에요.

등산 열차를 타고 20~30분 코르코바도 언덕 정상에 올라가면 높이 38m, 좌우로 벌린 두 팔의 길이 28m, 무게는 1,145t의 거대한 예수상이 있으며 전망대에서는 시내와 해안까지 한눈에 아름다운 전경을 감상할 수 있다고 해요.

2007년 새로운 세계 7대 불가사의 중 하나로 수많은 관광객이 방문한다고 하네요.

등산 열차타고 올라가야지.

43. 아르헨티나 (아르헨티나공화국)
이구아수 폭포 (Iguazu Falls)

수도	부에노스아이레스	언어	스페인어
인구	4,505만 명	통화	페소
면적	2,790,000㎢ (한반도의 12배)		
인사말	부에노스 디아스(아침), 부에노스 따르데스(점심), 부에노스 노체스(저녁), 올라(안녕)		

이구아수 폭포는 브라질과 아르헨티나의 국경지대 이구아수 강의 가장자리에 위치하고 있으며 폭포의 20%는 브라질, 80%는 아르헨티나 영토에 속하며 원주민 언어로는 '큰 물' 또는 '위대한 물'이라는 뜻이 있다고 해요.

우비를 입고 구경해야지.

이구아수 폭포는 전체 길이 약 2.7km에 걸쳐 270여 개의 크고 작은 폭포들로 이루어져 있으며 그중 가장 큰 폭포인 '악마의 목구멍'은 높이 약 82m, 폭 150m, 길이 700m에 이르고, 엄청난 양의 물이 쏟아지는 모습은 정말 굉장하다고 해요.

아르헨티나와 브라질 두 나라가 공동으로 국립 공원으로 지정해 보호하고 있어요.

44. 칠레 (칠레공화국)
모아이 석상 (Moai)

수도	산티아고	언어	스페인어
인구	1,870만 명	통화	페소
면적	760,000㎢ (한반도의 3.5배)		
인사말	부에노스 디아스(아침), 부에노스 따르데스(점심), 부에노스 노체스(저녁), 올라(안녕)		

   모아이 석상은 칠레 이스터섬에 있는 거대한 얼굴 모양의 석상으로 이곳 이스터섬은 1995년 세계 문화유산에 등재되었어요.

   모아이 석상은 수백 년에 걸쳐 만든 것으로 크기가 약 3.5m의 작은 것부터 큰 것은 20m에 무게가 90t까지 되는 수백 개의 석상이 있다고 해요. 그러나 정확하게 누가 어떠한 이유로 수십 톤에 달하는 석상을 어떠

왜 한곳만 바라보고 있을까?

한 기술로 만들었고 운반할 수 있었는지 정확하게 밝혀지지 않았다고 해요. 그리고 대부분의 석상은 한 방향만을 가리키며 서 있다고 하네요.

모아이전설

원래 모아이 석상들은 모자와 눈이 있었는데 원주민들이 신처럼 숭배했던 모아이 석상 때문에 원주민들이 굶어 죽게 되자 그에 대한 원망의 표시로 눈과 모자를 훼손했다고 해요. 그래서 현재는 눈과 모자가 없는 석상들이 많다고 하네요.

45. 페루 (페루공화국)
마추픽추 (Machu Picchu in Peru)

수도	리마	언어	스페인어, 케추아어, 아이마라어
인구	3,191만 명	통화	솔
면적	1,280,000㎢ (한반도의 약 6배)		
인사말	부에노스 디아스(아침), 부에노스 따르데스(점심), 부에노스 노체스(저녁), 올라(안녕)		

마추픽추는 쿠스코시의 북서쪽 우루밤바 강 계곡에 있는 페루의 옛 잉카 제국의 도시 유적으로 약 750여 명의 사람들이 살았을 것으로 추정된다고 해요.

'늙은 봉우리'의 뜻을 가진 마추픽추는 해수면에서 2,430m의 산맥 정상에 위치해 있으며 1450년 즈음 지어졌으나 워낙 험한 산지에 있고 찾아가는 사람도 없어 약 400년 지난 1911년이 되어서야 발견되었다고 해요.
　또한, 수십 톤 무게의 돌을 잘라 궁전을 짓는 등 천연 재료를 이용하여 주변 환경과 잘 어울리도록 만든 석조 건축물은 세계에서 가장 뛰어난 건축물 중 하나로 주요 건축물로는 해시계, 태양의 신전 등이 있어요.
　유네스코 세계 문화유산으로 지정되었으며 세계 7대 불가사의 중 하나라고 해요.

46. 멕시코 (멕시코 합중국)
치첸이트사 (Chichén Itzá)

수도	멕시코시티	언어	스페인어
인구	1억 2,865만 명	통화	멕시코 페소
면적	1,960,000㎢ (한반도의 9배)		
인사말	부에노스 디아스(아침), 부에노스 따르데스(점심), 부에노스 노체스(저녁), 올라(안녕)		

   치첸이트사는 멕시코 유카탄반도의 메리다 도시에서 동쪽으로 약 110km 떨어진 마야 문명의 고대 도시이자 유적지로 가장 잘 보존되어 있는 도시 중 하나라고 해요.

   또한, 마야 문명의 도시들 중 가장 거대한 경제 규모로 가장 많은 인구를 가지고 있었으며 타 지방들과의 교역도 매우 활발했어요.

   치첸이트사는 몇백 년에 걸쳐 지어진 도시로 초기 구조는 750년~900년 사이에 만들어졌으며 피라미드, 사각형 광장, 신전 등 다양한 건물들이 있다고 해요.

엘 카스티요

치첸이트사를 상징하는 건축물이며 깃털이 달린 뱀신 쿠쿨칸을 섬기는 신전으로 높이는 약 30m의 9층으로 된 계단식 피라미드입니다.

전사의 신전

거대한 계단식 피라미드와 그 앞에 전사들을 조각한 기둥들로 이루어져 있어 '전사들의 신전'이라고 해요.

47. 볼리비아 (볼리비아다민족국)
우유니 소금사막 (Salar de Uyuni)

수도	라파스 (수크레 : 헌법상 수도)	언어	스페인어, 과라니어
인구	1,164만 명	통화	볼리비아노
면적	1,098,581㎢ (한반도의 5배)		
인사말	부에노스 디아스(아침), 부에노스 따르데스(점심), 부에노스 노체스(저녁), 올라(안녕)		

  우유니 소금사막은 포토시주에 있는 세계에서 가장 큰 소금사막으로 낮에는 푸른 하늘과 구름이 사막에 투명하게 반사되어 '세계에서 가장 큰 거울'이라고 불린다 해요.

이 소금사막은 지각 변동으로 바다가 빙하기를 거쳐 2만 년 전 녹기 시작하면서 거대한 호수가 만들어졌고 이후 건조한 물이 모두 증발하여 소금만 남았다고 해요. 또한, 이 사막은 해발 약 3,600m의 고지대에 있으며 면적 약 10,600㎢으로 우리나라 경상남도(약 10,540㎢)와 비슷하고 소금의 양도 최소 100억 톤 이상으로 볼리비아 국민이 수천 년 이상 사용해도 남을 만큼 어마어마한 양이 있다고 하네요.
　기후가 건조한 시기(4월~11월), 비가 많이 오는 시기 (12월~3월)

우기(12~3월)에 가면 물에 비친 소금사막을 볼 수 있어요.

117

48. 콜롬비아 (콜롬비아공화국)
라스 라하스 성당 (Las Lajas Shrine)

수도	보고타	언어	스페인어, 200여 토착어
인구	4,908만 명	통화	콜롬비아 페소
면적	1,140,000㎢ (한반도의 5배)		
인사말	부에노스 디아스(아침), 부에노스 따르데스(점심), 부에노스 노체스(저녁), 올라(안녕)		

소원을 비는 비석들이 벽에 붙어 있어요.

라스 라하스 성당은 콜롬비아의 국경 이피알레스 골짜기 50m 높이의 자연 절벽과 절벽 사이에 지어진 동화책에서 나온 듯한 아름다운 성당이에요.

마리아와 그의 딸 로사 조각상

전설에 의하면 1754년, 마리아 무에세즈라는 여성이 귀가 들리지 않는 자신의 딸 로사와 함께 절벽 사이에 있는 강을 건너고 있을 때, 지금의 성당 자리에서 딸 로사가 "엄마, 성모 마리아께서 저희를 보고 있어요"라고 말했지만, 엄마는 대수롭지 않게 넘어갔어요. 그 후로 로사는 병으로 목숨을 잃게 되었고, 깊은 슬픔에 잠긴 마리아는 딸 로사가 '성모 마리아'의 형상을 본 장소로 돌아가 기도를 했어요. 그러자 며칠 뒤 죽은 딸 로사는 기적적으로 다시 살아 돌아왔고 이 사건은 유명한 전설로 남게 되었다고 해요.

제단(가톨릭 미사를 드리는 단)에 모신 성모 마리아 벽화

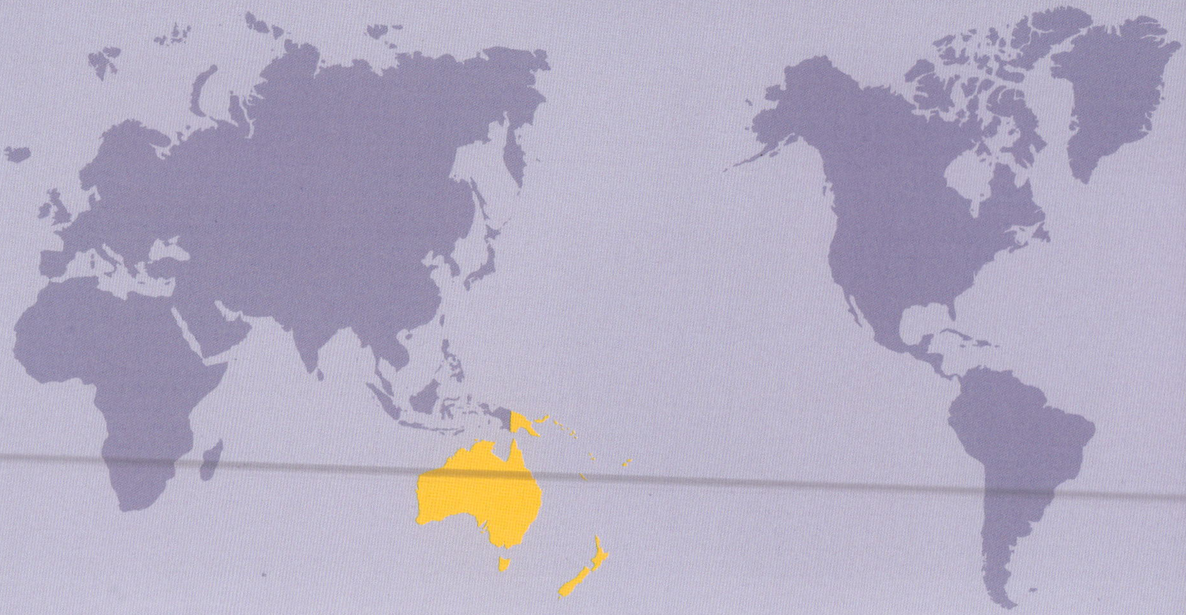

오세아니아

오세아니아 여행을 떠나자!

49. 호주 오페라 하우스 The Sydney Opera House
50. 뉴질랜드 통가리로 국립 공원 Tongariro National Park

통가리로 국립 공원

오페라 하우스

49. 호주 (호주 연방)
오페라 하우스 (The Sydney Opera House)

수도	캔버라	언어	영어
인구	2,564만 명	통화	호주 달러
면적	7,690,000㎢ (한반도의 35배)		
인사말	헬로		

　오페라 하우스는 시드니의 해안가에 있는 조개 모양의 이색적인 외형이 특징이며 2007년 유네스코 세계유산에 등재되었어요.

　1973년에 준공된 세계적인 건축물 중 하나로 호주의 상징이자 대표적인 문화 예술 시설로 16년의 공사 기간이 걸렸으며 오페라 극장, 콘서트홀 등 여러 공연장, 전시관이 활발히 운영되고 있다고 해요.

하버브릿지 (Sydney Harbour Bridge)

하버 브릿지는 시드니에 있는 다리로 1932년에 개통하였으며 전체 길이가 1149m로 인접해 있는 오페라 하우스와 함께 대표 랜드마크라고 해요.

이곳은 매년 12월 31일 화려한 불꽃 축제가 대규모로 진행하는데 그 광경을 보기 위해 많은 관광객이 몰려든다고 하네요.

와우~ 너무 멋있어.

50. 뉴질랜드
통가리로 국립 공원 (Tongariro National Park)

수도	웰링턴	언어	영어, 마오리어
인구	470만 명	통화	뉴질랜드 달러
면적	270,000㎢ (한반도의 1.2배)		
인사말	헬로		

통가리로 국립 공원은 뉴질랜드 북섬에 있으며 세계 최초로 유네스코 자연유산과 문화유산에 동시 지정되었어요.

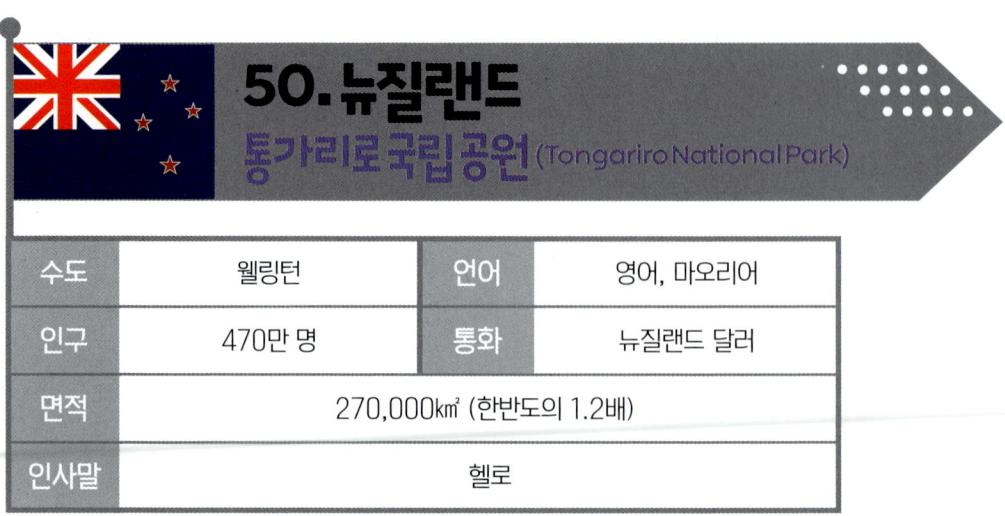

3개의 화산(통가리로, 루아페후, 나우루호에)을 품고 있는 통가리로 국립 공원은 원래 마오리족이 지배하던 땅이었지만 뉴질랜드 정부에 기증함으로써 뉴질랜드 최초의 국립 공원이 되었어요. 이곳은 수백여 종의 다양한 동식물이 서식하고 있으며 현재까지 화산 활동이 있는 산도 있다고 해요.

마오리족(Maori)

뉴질랜드 원주민으로 목각 공예와 독특한 문신으로 유명해요. 또한, 제1차 세계 대전과 제2차 세계 대전, 6.25 전쟁, 베트남 전쟁 등 여러 전쟁에 참여했으며 매우 용맹한 모습을 보였다고 해요.

나무로 너무 잘 만드네!